SOMMARIO

"Diventare Social Media Manager: Guida Completa per Iniziare e Crescere nel Settore"

Introduzione

- Cos'è un Social Media Manager?
- Importanza del Social Media Manager nel panorama digitale odierno
- Obiettivi del libro

Capitolo 1: Introduzione ai Social Media

- Panoramica dei principali social media (Facebook, Instagram, Twitter, LinkedIn, TikTok, etc.)
- Caratteristiche e usi di ciascuna piattaforma
- Tendenze attuali nel social media marketing

Capitolo 2: Competenze di Base

- Competenze tecniche necessarie (SEO, analisi dati, pubblicità online)
- Competenze soft (comunicazione, creatività, gestione del tempo)

- **Strumenti essenziali per un Social Media Manager (software di gestione social, strumenti di analisi, etc.)**

Capitolo 3: Pianificazione e Strategia

- **Come creare un piano di social media marketing**
- **Definizione degli obiettivi (SMART goals)**
- **Identificazione del target audience**
- **Creazione di un calendario editoriale**

Capitolo 4: Creazione dei Contenuti

- **Tipologie di contenuti (testi, immagini, video, infografiche, etc.)**
- **Come creare contenuti coinvolgenti e rilevanti**
- **Strumenti per la creazione di contenuti (Canva, Adobe Spark, etc.)**

Capitolo 5: Gestione delle Piattaforme Social

- **Come gestire account multipli**
- **Strategie di pubblicazione e programmazione dei post**
- **Interazione con il pubblico (rispondere ai commenti, messaggi, etc.)**

Capitolo 6: Pubblicità sui Social Media

- Introduzione agli ads sui social media
- Come creare e gestire campagne pubblicitarie
- Analisi e ottimizzazione delle campagne

Capitolo 7: Analisi e Reportistica

- KPI e metriche chiave da monitorare
- Strumenti di analisi (Google Analytics, Insight delle piattaforme, etc.)
- Come creare report efficaci per clienti e stakeholders

Capitolo 8: Crescita Professionale

- Come costruire un portfolio
- Networking e costruzione di una rete professionale
- Opportunità di formazione continua (corsi online, certificazioni, eventi)

Capitolo 9: Lavorare come Freelance o Dipendente

- Vantaggi e svantaggi di entrambe le opzioni

- **Come trovare clienti o opportunità di lavoro**
- **Contratti e gestione amministrativa**

Conclusione

- **Riflessioni finali**
- **Consigli per mantenersi aggiornati**
- **Invito all'azione per iniziare subito**

Risorse Aggiuntive

- **Link utili**
- **Letture consigliate**
- **Community e forum per social media manager**

Introduzione

Benvenuti alla guida definitiva su come diventare un Social Media Manager! Questo ebook è pensato per chiunque desideri intraprendere una carriera dinamica e stimolante nel mondo dei social media. Che tu sia uno studente, un professionista in cerca di una nuova direzione o semplicemente curioso di esplorare le possibilità offerte da questo settore in rapida crescita, troverai qui tutte le informazioni e le risorse necessarie per iniziare.

Cos'è un Social Media Manager?

Un Social Media Manager è un professionista che si occupa di gestire la presenza online di un'azienda, un marchio o una persona sui vari canali social. Le sue principali responsabilità includono la creazione e la gestione dei contenuti, l'interazione con il pubblico, l'analisi delle performance e la strategia di crescita. In altre parole, è la figura chiave che traduce gli obiettivi di marketing e comunicazione in azioni concrete sui social media.

Importanza del Social Media Manager nel panorama digitale odierno

Nell'era digitale in cui viviamo, i social media sono diventati uno strumento imprescindibile per qualsiasi strategia di marketing. Le aziende non possono più permettersi di ignorare l'enorme potenziale di piattaforme come Facebook, Instagram, Twitter, LinkedIn e TikTok. Un Social Media Manager efficace non solo aiuta a migliorare la visibilità e l'immagine di un brand, ma è anche in grado di influenzare direttamente il comportamento dei consumatori, aumentare le vendite e costruire una comunità fedele di seguaci.

Obiettivi del libro

Questo ebook è strutturato per guidarti passo dopo passo nel processo di diventare un Social Media Manager di successo. Ecco cosa potrai aspettarti:

1. **Conoscenza delle piattaforme social**: Una panoramica dettagliata dei principali social media e di come utilizzarli al meglio.
2. **Sviluppo delle competenze**: Approfondimenti sulle competenze tecniche e soft necessarie per eccellere in questo ruolo.
3. **Strategie e pianificazione**: Come creare e implementare un piano di social media marketing efficace.
4. **Creazione e gestione dei contenuti**: Tecniche e strumenti per produrre contenuti di qualità e gestire le diverse piattaforme.
5. **Pubblicità e analisi**: Come sfruttare le opportunità pubblicitarie sui social e misurare il successo delle tue campagne.
6. **Crescita professionale**: Consigli su come costruire il tuo portfolio, fare networking e continuare a crescere professionalmente.
7. **Scelte di carriera**: Vantaggi e sfide del lavorare come freelance rispetto all'essere dipendente.

Alla fine di questo ebook, avrai una comprensione chiara e completa di cosa significhe essere un Social Media Manager e sarai pronto a intraprendere la tua carriera in questo settore affascinante. Buona lettura e buona fortuna nel tuo viaggio verso il successo nel mondo dei social media!

Capitolo 1: Introduzione ai Social Media

1.1 Panoramica dei Principali Social Media

I social media sono diventati una parte essenziale della vita quotidiana per miliardi di persone in tutto il mondo. Comprendere le peculiarità di ciascuna piattaforma è fondamentale per un Social Media Manager. Vediamo una panoramica dei principali social media:

Facebook:

- **Descrizione:** La piattaforma più grande e popolare, utilizzata per connettersi con amici e familiari, seguire pagine di interesse e partecipare a gruppi.
- **Utenti:** Oltre 2,8 miliardi di utenti attivi mensili.
- **Caratteristiche:** Pagine aziendali, gruppi, eventi, Facebook Ads, marketplace.

Instagram:

- **Descrizione:** Una piattaforma visuale, focalizzata su immagini e video, particolarmente popolare tra i giovani.
- **Utenti:** Oltre 1 miliardo di utenti attivi mensili.
- **Caratteristiche:** Post, storie, IGTV, Reels, Instagram Shopping.

Twitter:

- **Descrizione:** Un social network per la condivisione rapida di notizie e

aggiornamenti, con un limite di 280 caratteri per tweet.
- **Utenti:** Circa 330 milioni di utenti attivi mensili.
- **Caratteristiche:** Tweet, retweet, thread, Twitter Ads, trending topics.

LinkedIn:

- **Descrizione:** Una piattaforma professionale per il networking e la ricerca di lavoro, utilizzata principalmente da professionisti e aziende.
- **Utenti:** Oltre 740 milioni di utenti.
- **Caratteristiche:** Profili professionali, pagine aziendali, articoli, LinkedIn Ads, gruppi.

TikTok:

- **Descrizione:** Una piattaforma per la creazione e la condivisione di brevi video musicali e virali, particolarmente popolare tra i giovanissimi.
- **Utenti:** Oltre 1 miliardo di utenti attivi mensili.
- **Caratteristiche:** Video brevi, effetti speciali, TikTok Ads, tendenze virali.

1.2 Caratteristiche e Usi di Ciascuna Piattaforma

Ogni piattaforma ha le sue caratteristiche uniche e viene utilizzata in modo diverso:

- **Facebook:** Ideale per contenuti di lunga durata e engagement a lungo termine. Utilizzato per costruire comunità, promuovere eventi e fare pubblicità mirata.
- **Instagram:** Perfetto per contenuti visivi e brand storytelling. Le immagini e i video di alta qualità attirano l'attenzione e favoriscono l'engagement.
- **Twitter:** Utilizzato per aggiornamenti rapidi, notizie e conversazioni. È ottimo per il customer service e per monitorare le tendenze del momento.
- **LinkedIn:** Piattaforma chiave per il marketing B2B, il recruiting e il networking professionale. Utilizzata per condividere contenuti rilevanti e articoli di settore.
- **TikTok:** Ottimo per raggiungere un pubblico giovane con contenuti creativi e virali. I video brevi permettono di mostrare il lato più divertente e autentico di un brand.

1.3 Tendenze Attuali nel Social Media Marketing

Il mondo dei social media è in continua evoluzione. Ecco alcune delle tendenze attuali più rilevanti:

- **Video brevi:** La popolarità di TikTok ha spinto tutte le piattaforme a investire nei video brevi, come Instagram Reels e YouTube Shorts.
- **Contenuti effimeri:** Le storie, che scompaiono dopo 24 ore, sono sempre più

utilizzate per creare un senso di urgenza e autenticità.
- **Shopping sui social:** L'integrazione delle funzionalità di e-commerce direttamente nelle piattaforme social sta rivoluzionando il modo in cui i consumatori scoprono e acquistano prodotti.
- **Realtà aumentata (AR):** Filtri e effetti AR stanno diventando sempre più comuni, offrendo nuove opportunità per l'engagement e l'interazione con il pubblico.
- **Influencer marketing:** Collaborare con influencer per promuovere prodotti e servizi continua a essere una strategia efficace per raggiungere nuovi pubblici.

Conoscere e comprendere queste tendenze ti aiuterà a rimanere al passo con le evoluzioni del settore e a creare strategie sempre più efficaci per il tuo ruolo di Social Media Manager.

Capitolo 2: Competenze di Base

Per diventare un Social Media Manager di successo, è fondamentale acquisire una serie di competenze tecniche e soft. Questo capitolo esplorerà in dettaglio queste competenze essenziali, fornendo una base solida per la tua carriera.

2.1 Competenze Tecniche Necessarie

SEO (Search Engine Optimization):

- **Descrizione:** Ottimizzare i contenuti per migliorare la visibilità sui motori di ricerca.
- **Importanza:** Anche i post sui social media possono beneficiare di buone pratiche SEO per raggiungere un pubblico più ampio.
- **Strumenti:** Google Keyword Planner, SEMrush, Moz.

Analisi Dati:

- **Descrizione:** Capacità di raccogliere e interpretare dati per misurare l'efficacia delle campagne.
- **Importanza:** Essenziale per comprendere cosa funziona e cosa no, e per prendere decisioni basate sui dati.
- **Strumenti:** Google Analytics, Facebook Insights, Twitter Analytics.

Pubblicità Online:

- **Descrizione:** Creazione e gestione di campagne pubblicitarie sui social media.
- **Importanza:** Fondamentale per aumentare la visibilità e raggiungere specifici target audience.
- **Strumenti:** Facebook Ads Manager, Google Ads, LinkedIn Campaign Manager.

Gestione dei Social Media:

- **Descrizione:** Utilizzo di strumenti per pianificare, pubblicare e monitorare i contenuti sui social media.
- **Importanza:** Aiuta a mantenere una presenza costante e organizzata su più piattaforme.
- **Strumenti:** Hootsuite, Buffer, Sprout Social.

2.2 Competenze Soft

Comunicazione:

- **Descrizione:** Abilità di comunicare in modo chiaro e coinvolgente, sia in forma scritta che verbale.
- **Importanza:** Essenziale per creare contenuti che risuonino con il pubblico e per gestire le interazioni sui social media.

Creatività:

- **Descrizione:** Capacità di ideare contenuti originali e interessanti.
- **Importanza:** Aiuta a distinguere il brand e a mantenere l'attenzione del pubblico.

Gestione del Tempo:

- **Descrizione:** Abilità di organizzare e gestire il proprio tempo in modo efficace.
- **Importanza:** Essenziale per gestire i molteplici compiti di un Social Media Manager senza sovraccaricarsi.

Empatia:

- **Descrizione:** Capacità di comprendere e rispondere alle emozioni e ai bisogni del pubblico.
- **Importanza:** Aiuta a costruire relazioni autentiche e a migliorare il servizio clienti sui social media.

2.3 Strumenti Essenziali per un Social Media Manager

Software di Gestione dei Social Media:

- **Hootsuite:** Piattaforma completa per pianificare e monitorare i contenuti su vari social media.
- **Buffer:** Strumento semplice e intuitivo per la programmazione e l'analisi dei post.
- **Sprout Social:** Offre funzionalità avanzate di gestione e analisi, ideale per team più grandi.

Strumenti di Analisi:

- **Google Analytics:** Indispensabile per monitorare il traffico e le conversioni provenienti dai social media.
- **Facebook Insights:** Fornisce dati dettagliati sull'engagement e le performance delle pagine Facebook.
- **Twitter Analytics:** Offre statistiche sui tweet, inclusi engagement, clic e visualizzazioni.

Strumenti di Creazione dei Contenuti:

- **Canva:** Strumento di design facile da usare per creare grafiche accattivanti.
- **Adobe Spark:** Permette di creare contenuti visivi di alta qualità, come video, pagine web e post social.
- **Piktochart:** Ottimo per creare infografiche e presentazioni visive.

2.4 Importanza della Formazione Continua

Il mondo dei social media è in continua evoluzione, quindi è cruciale rimanere aggiornati sulle ultime tendenze e strumenti. Ecco alcuni modi per continuare a formarsi:

- **Corsi Online:** Piattaforme come Coursera, Udemy e LinkedIn Learning offrono corsi aggiornati su vari aspetti del social media marketing.
- **Certificazioni:** Ottenere certificazioni riconosciute, come quelle offerte da Google, Facebook Blueprint o Hootsuite, può migliorare il tuo profilo professionale.
- **Eventi e Webinar:** Partecipare a conferenze, workshop e webinar per apprendere dalle esperienze di altri professionisti del settore.

Acquisire e affinare queste competenze ti permetterà di affrontare con successo le sfide del ruolo di Social Media Manager e di contribuire in modo significativo alla crescita e al successo dei brand che rappresenti.

Capitolo 3: Pianificazione e Strategia

Una buona strategia di social media marketing è essenziale per il successo di qualsiasi attività online. In questo capitolo, esploreremo come creare un piano di social media marketing efficace, definire obiettivi chiari, identificare il pubblico target e costruire un calendario editoriale.

3.1 Come Creare un Piano di Social Media Marketing

Analisi della Situazione:

- **Audit dei Social Media Esistenti:** Valuta lo stato attuale delle tue attività sui social media. Analizza cosa funziona e cosa no, identificando i punti di forza e le aree di miglioramento.
- **Analisi della Concorrenza:** Studia i concorrenti per capire quali strategie stanno adottando e cosa puoi imparare dalle loro attività.

Definizione degli Obiettivi:

- **SMART Goals:** Gli obiettivi devono essere Specifici, Misurabili, Achievabili (Raggiungibili), Realistici e Temporizzati. Ad esempio, "Aumentare il numero di follower su Instagram del 20% nei prossimi sei mesi."

Identificazione del Target Audience:

- **Segmentazione del Pubblico:** Identifica chi è il tuo pubblico ideale. Considera fattori demografici (età, genere, località), psicografici (interessi, valori) e comportamentali (abitudini di acquisto, uso dei social media).
- **Creazione di Personas:** Crea profili dettagliati del tuo pubblico target per guidare la creazione dei contenuti e le strategie di engagement.

3.2 Definizione degli Obiettivi (SMART Goals)

Specifici:

- Gli obiettivi devono essere chiari e dettagliati. Ad esempio, "Aumentare l'engagement su Facebook" è troppo vago, mentre "Aumentare i like e i commenti sui post di Facebook del 10% nei prossimi tre mesi" è specifico.

Misurabili:

- Gli obiettivi devono poter essere quantificati. Utilizza metriche come il numero di follower, il tasso di engagement, il traffico verso il sito web, le conversioni, ecc.

Achievabili (Raggiungibili):

- Gli obiettivi devono essere realistici e raggiungibili con le risorse disponibili. Ad esempio, se hai appena iniziato, non puntare subito a milioni di follower.

Realistici:

- Gli obiettivi devono essere pertinenti e allineati con la strategia generale del business. Ad esempio, se il tuo obiettivo è aumentare le vendite, il focus potrebbe essere sulle conversioni piuttosto che sui like.

Temporizzati:

- Gli obiettivi devono avere una scadenza temporale. Questo aiuta a mantenere la motivazione e a valutare i progressi. Ad esempio, "Aumentare il traffico al sito web del 15% entro i prossimi sei mesi."

3.3 Identificazione del Target Audience

Ricerca del Pubblico:

- **Utilizzo di Dati Demografici:** Piattaforme come Facebook Insights e Google Analytics possono fornire dati demografici dettagliati sui tuoi attuali follower e visitatori del sito web.
- **Sondaggi e Interviste:** Conduci sondaggi e interviste per raccogliere informazioni dirette sul tuo pubblico.

Creazione di Personas:

- **Profili Dettagliati:** Crea profili fittizi del tuo pubblico ideale, includendo dettagli come età, professione, interessi, obiettivi e sfide.
- **Utilizzo delle Personas:** Usa questi profili per guidare la creazione di contenuti e le strategie di engagement, assicurandoti che risuonino con il pubblico target.

3.4 Creazione di un Calendario Editoriale

Pianificazione dei Contenuti:

- **Tipologie di Contenuti:** Determina i tipi di contenuti che vuoi condividere (post, video, articoli, storie, ecc.) e la loro frequenza.
- **Bilanciamento dei Contenuti:** Assicurati di bilanciare diversi tipi di contenuti, inclusi contenuti promozionali, educativi, di intrattenimento e informativi.

Strumenti per la Pianificazione:

- **Google Calendar:** Utile per una pianificazione semplice e condivisibile.
- **Trello:** Offre una visualizzazione a schede per organizzare i contenuti per categorie e scadenze.
- **Hootsuite:** Strumento completo per la programmazione e il monitoraggio dei post su più piattaforme.

Gestione del Calendario:

- **Revisione e Aggiornamento:** Rivedi e aggiorna il calendario editoriale regolarmente per riflettere i cambiamenti nelle strategie e nelle priorità.
- **Flessibilità:** Mantieni una certa flessibilità per adattarti rapidamente a nuovi trend o eventi imprevisti.

Creare un piano di social media marketing solido e ben strutturato ti permetterà di gestire efficacemente la tua presenza online, raggiungere i tuoi obiettivi e costruire una comunità coinvolta e fedele.

Capitolo 4: Creazione dei Contenuti

La creazione di contenuti di qualità è al cuore di ogni strategia di social media di successo. In questo capitolo, esploreremo le diverse tipologie di contenuti, come creare contenuti coinvolgenti e rilevanti, e gli strumenti utili per la creazione dei contenuti.

4.1 Tipologie di Contenuti

Testi:

- **Post sui Blog:** Articoli approfonditi che forniscono valore aggiunto ai lettori. Ideali per il SEO e per stabilire l'autorità del brand.
- **Microblogging:** Brevi aggiornamenti su piattaforme come Twitter. Utilizzati per condivisioni rapide e notizie.

- **Didascalie:** Brevi descrizioni che accompagnano le immagini o i video sui social media. Devono essere accattivanti e pertinenti.

Immagini:

- **Fotografie:** Immagini ad alta risoluzione che rappresentano il brand, i prodotti o il lifestyle associato.
- **Grafici e Infografiche:** Visualizzazioni di dati che aiutano a spiegare concetti complessi in modo chiaro e visivamente attraente.
- **Meme:** Immagini umoristiche che possono diventare virali e aumentare l'engagement.

Video:

- **Video Brevi:** Contenuti di breve durata, come quelli su TikTok o Instagram Reels, che catturano rapidamente l'attenzione.
- **Video Lunghi:** Contenuti più dettagliati su piattaforme come YouTube, utilizzati per tutorial, webinar, e storie più complesse.
- **Live Streaming:** Video in diretta per interagire in tempo reale con il pubblico. Utilizzati per Q&A, lanci di prodotti e eventi speciali.

Infografiche:

- **Visualizzazione dei Dati:** Grafici e tabelle che rendono i dati comprensibili e interessanti.

- **Guide Visive:** Passaggi visualizzati per spiegare un processo o un concetto complesso.

Storie:

- **Storie su Instagram e Facebook:** Contenuti effimeri che durano 24 ore. Utilizzati per aggiornamenti quotidiani, promozioni e dietro le quinte.
- **Snapchat Stories:** Simili alle storie su Instagram, ma con un pubblico generalmente più giovane.

4.2 Come Creare Contenuti Coinvolgenti e Rilevanti

Conoscere il Tuo Pubblico:

- **Ricerca del Pubblico:** Utilizza analisi e sondaggi per comprendere i bisogni, gli interessi e le preferenze del tuo pubblico.
- **Personas:** Crea personas dettagliate per guidare la creazione dei contenuti in modo mirato.

Raccontare Storie:

- **Storytelling:** Utilizza tecniche di storytelling per rendere i contenuti più coinvolgenti. Racconta storie che risuonino con il tuo pubblico e che riflettano i valori del tuo brand.

- **Autenticità:** Mostra il lato umano del brand. Le storie autentiche creano un legame emotivo più forte con il pubblico.

Varietà di Contenuti:

- **Diversificazione:** Alterna tra testi, immagini, video e infografiche per mantenere l'interesse del pubblico.
- **Calendario Editoriale:** Pianifica in anticipo per garantire una varietà equilibrata di contenuti.

Call to Action (CTA):

- **Invito all'Azione:** Includi CTA chiari e convincenti nei tuoi post. Incoraggia il pubblico a compiere azioni specifiche, come commentare, condividere, iscriversi o acquistare.
- **Engagement:** Fai domande, organizza sondaggi e incoraggia il pubblico a interagire con i tuoi contenuti.

4.3 Strumenti per la Creazione di Contenuti

Design Grafico:

- **Canva:** Strumento intuitivo per creare grafiche professionali, poster, banner e post per i social media.
- **Adobe Spark:** Permette di creare rapidamente grafiche, video brevi e pagine web.

Editing Video:

- **Adobe Premiere Pro:** Software professionale per l'editing video, ideale per contenuti complessi.
- **Final Cut Pro:** Un altro strumento avanzato per l'editing video, particolarmente utilizzato dai professionisti.
- **iMovie:** Strumento gratuito e semplice per utenti Mac per l'editing di video.

Fotografia e Immagini:

- **Adobe Photoshop:** Software di fotoritocco professionale per modificare e migliorare le immagini.
- **Lightroom:** Strumento di editing fotografico per migliorare le immagini in modo rapido e professionale.
- **Unsplash/Pexels:** Siti web che offrono immagini stock gratuite di alta qualità.

Creazione di Infografiche:

- **Piktochart:** Strumento per creare infografiche visivamente accattivanti e facili da comprendere.
- **Infogram:** Software per la creazione di infografiche interattive e visualizzazioni di dati.

Gestione dei Contenuti:

- **Hootsuite:** Piattaforma per la gestione e la programmazione dei contenuti sui social media.
- **Buffer:** Strumento semplice per la programmazione dei post e l'analisi delle performance.
- **Trello:** Utilizzato per organizzare e pianificare i contenuti con una visualizzazione a schede.

4.4 Best Practices per la Creazione di Contenuti

Qualità vs. Quantità:

- **Focalizzati sulla Qualità:** È meglio pubblicare meno contenuti di alta qualità che una grande quantità di contenuti mediocri.
- **Consistenza:** Mantieni una presenza costante sui social media, rispettando il calendario editoriale.

Ottimizzazione per le Piattaforme:

- **Formati Adeguati:** Assicurati che i tuoi contenuti siano ottimizzati per ogni piattaforma in termini di dimensioni, lunghezza e formato.
- **SEO sui Social Media:** Utilizza parole chiave appropriate e hashtag rilevanti per aumentare la visibilità dei tuoi contenuti.

Monitoraggio e Adattamento:

- **Analisi delle Performance:** Monitora regolarmente le performance dei tuoi contenuti utilizzando gli strumenti di analisi.
- **Adattamento delle Strategie:** Sii pronto a modificare la tua strategia basandoti sui risultati delle analisi per migliorare continuamente l'efficacia dei tuoi contenuti.

Creare contenuti coinvolgenti e rilevanti richiede creatività, pianificazione e una buona comprensione del tuo pubblico. Utilizzando le giuste strategie e strumenti, potrai costruire una presenza online forte e coinvolgente.

Capitolo 5: Gestione delle Piattaforme Social

Gestire efficacemente i social media richiede organizzazione, pianificazione e la capacità di adattarsi rapidamente ai cambiamenti. In questo capitolo, esploreremo come gestire account multipli, strategie di pubblicazione, programmazione dei post e l'interazione con il pubblico.

5.1 Come Gestire Account Multipli

Centralizzazione:

- **Utilizzo di Strumenti di Gestione:** Strumenti come Hootsuite, Buffer e Sprout Social permettono di gestire tutti gli account social da un'unica piattaforma, facilitando la programmazione e il monitoraggio dei post.

- **Dashboard Personalizzate:** Configura dashboard personalizzate per tenere sotto controllo tutti i tuoi account in modo organizzato e intuitivo.

Organizzazione:

- **Creazione di Cartelle e Tag:** Organizza i contenuti e le risorse in cartelle e utilizza tag per facilitare la ricerca e la gestione.
- **Documentazione e Linee Guida:** Mantieni linee guida chiare e documentazione per assicurarti che tutti i membri del team seguano le stesse procedure e standard.

Collaborazione:

- **Assegnazione di Ruoli:** Definisci chiaramente i ruoli e le responsabilità all'interno del team. Utilizza strumenti di collaborazione come Trello o Asana per assegnare compiti e monitorare i progressi.
- **Comunicazione:** Mantieni una comunicazione costante e chiara con il team per assicurarti che tutti siano aggiornati e allineati sugli obiettivi e le strategie.

5.2 Strategie di Pubblicazione e Programmazione dei Post

Pianificazione:

- **Calendario Editoriale:** Utilizza un calendario editoriale per pianificare i post in anticipo. Assicurati di includere le date e gli orari di pubblicazione, i temi e i tipi di contenuto.
- **Tempi Ottimali di Pubblicazione:** Analizza i dati per determinare i momenti migliori per pubblicare sui diversi social media. Gli strumenti di gestione spesso forniscono suggerimenti basati sull'analisi delle performance passate.

Programmazione:

- **Automazione:** Utilizza strumenti come Buffer, Hootsuite e Later per programmare i post in anticipo, risparmiando tempo e garantendo una presenza costante.
- **Flessibilità:** Lascia spazio per la pubblicazione di contenuti tempestivi e rilevanti. Non tutto deve essere programmato con largo anticipo.

Cadenza di Pubblicazione:

- **Frequenza:** Determina la frequenza ottimale di pubblicazione per ogni piattaforma. Ad esempio, su Twitter può essere utile pubblicare più volte al giorno, mentre su LinkedIn una volta alla settimana può essere sufficiente.
- **Coerenza:** Mantieni una cadenza di pubblicazione coerente per costruire e mantenere l'engagement del pubblico.

5.3 Interazione con il Pubblico

Engagement:

- **Risposte Tempestive:** Rispondi ai commenti e ai messaggi in modo rapido e professionale. Mostra al pubblico che apprezzi il loro coinvolgimento.
- **Conversazioni:** Avvia e partecipa a conversazioni significative. Fai domande, rispondi alle opinioni e incoraggia il dialogo.

Customer Service:

- **Assistenza Clienti:** Utilizza i social media per fornire supporto ai clienti. Risolvi i problemi in modo rapido e cortese.
- **Gestione delle Crisi:** Sii preparato a gestire situazioni di crisi. Mantieni la calma, rispondi con trasparenza e professionalità, e prendi provvedimenti correttivi se necessario.

Coinvolgimento della Community:

- **Contest e Giveaway:** Organizza contest e giveaway per incentivare la partecipazione e aumentare l'engagement.
- **Contenuti Generati dagli Utenti:** Incoraggia il pubblico a creare e condividere contenuti. Riconosci e promuovi i migliori contributi.

5.4 Monitoraggio e Analisi

Monitoraggio delle Performance:

- **KPI (Key Performance Indicators):** Definisci e monitora i KPI rilevanti per valutare il successo delle tue strategie. Tra questi ci sono il tasso di engagement, la crescita dei follower, le conversioni e il traffico al sito web.
- **Strumenti di Analisi:** Utilizza strumenti come Google Analytics, Facebook Insights, Twitter Analytics e altri per raccogliere e analizzare i dati delle tue attività sui social media.

Rapporti e Reporting:

- **Report Regolari:** Crea report regolari (settimanali, mensili) per valutare le performance delle tue attività. Utilizza grafici e tabelle per rendere i dati facilmente comprensibili.
- **Adattamento delle Strategie:** Utilizza i dati raccolti per identificare aree di miglioramento e adattare le tue strategie di conseguenza.

Gestire efficacemente le piattaforme social richiede un approccio organizzato e strategico. Con le giuste tecniche di gestione, programmazione e interazione, puoi costruire una presenza online forte e coinvolgente, raggiungendo i tuoi obiettivi di marketing e creando una community fedele.

Capitolo 6: Pubblicità sui Social Media

La pubblicità sui social media è uno degli strumenti più potenti a disposizione dei marketer per raggiungere un pubblico specifico e aumentare la visibilità del brand. In questo capitolo, esploreremo come creare e gestire campagne pubblicitarie efficaci, analizzare i risultati e ottimizzare le performance.

6.1 Introduzione agli Ads sui Social Media

Piattaforme Principali:

- **Facebook Ads:** Una delle piattaforme pubblicitarie più avanzate, permette di creare annunci targetizzati basati su dati demografici, interessi e comportamenti.
- **Instagram Ads:** Integrato con Facebook Ads, consente di creare annunci visivi accattivanti per un pubblico giovane e visivamente orientato.
- **Twitter Ads:** Ideale per promuovere tweet, account e tendenze, con opzioni di targeting basate su parole chiave e interessi.
- **LinkedIn Ads:** Perfetto per il marketing B2B, consente di targetizzare professionisti in base al settore, titolo professionale, azienda e altro.
- **TikTok Ads:** Consente di creare annunci video coinvolgenti, adatti a raggiungere un pubblico giovane e dinamico.

Tipologie di Annunci:

- **Annunci Display:** Annunci visivi che appaiono nel feed degli utenti o nelle sezioni dedicate agli annunci.
- **Annunci Video:** Brevi video promozionali che possono apparire nel feed o come annunci interstiziali.
- **Annunci Carousel:** Permettono di mostrare più immagini o video in un unico annuncio, ciascuno con il proprio link.
- **Annunci Stories:** Annunci a schermo intero che appaiono nelle storie degli utenti.
- **Annunci Sponsored Content:** Contenuti promozionali che appaiono naturalmente nel feed degli utenti.

6.2 Come Creare e Gestire Campagne Pubblicitarie

Definizione degli Obiettivi:

- **Obiettivi di Campagna:** Determina cosa vuoi ottenere con la tua campagna (aumento della brand awareness, generazione di lead, aumento delle vendite, ecc.).
- **Targeting del Pubblico:** Utilizza le opzioni di targeting per raggiungere il pubblico più rilevante in base a dati demografici, interessi, comportamenti e retargeting.

Creazione degli Annunci:

- **Design e Copywriting:** Crea annunci visivamente accattivanti con un messaggio

chiaro e convincente. Utilizza immagini di alta qualità, video coinvolgenti e un testo persuasivo.
- **Formati e Piattaforme:** Adatta i formati degli annunci alle specifiche di ciascuna piattaforma per garantire la migliore resa visiva e funzionale.

Gestione del Budget:

- **Impostazione del Budget:** Definisci un budget giornaliero o totale per la tua campagna. Considera l'allocazione del budget tra le diverse piattaforme in base ai tuoi obiettivi.
- **Offerte e Aste:** Imposta le tue offerte manualmente o utilizza le offerte automatiche per ottimizzare le spese pubblicitarie.

6.3 Analisi e Ottimizzazione delle Campagne

Monitoraggio delle Performance:

- **KPI (Key Performance Indicators):** Identifica i KPI chiave per valutare il successo delle tue campagne, come il tasso di clic (CTR), il costo per clic (CPC), il tasso di conversione e il ritorno sull'investimento (ROI).
- **Strumenti di Analisi:** Utilizza gli strumenti di analisi delle piattaforme pubblicitarie (Facebook Ads Manager, LinkedIn Campaign

Manager, ecc.) per monitorare le performance in tempo reale.

A/B Testing:

- **Test di Varie Versioni:** Crea varianti degli annunci per testare diversi elementi (immagini, titoli, testi, call-to-action) e identificare quali versioni performano meglio.
- **Analisi dei Risultati:** Confronta i risultati dei test per capire quali elementi contribuiscono al successo della campagna e ottimizza di conseguenza.

Ottimizzazione Continua:

- **Aggiustamento del Budget:** Rialloca il budget verso gli annunci e le piattaforme che offrono le migliori performance.
- **Aggiornamento degli Annunci:** Aggiorna regolarmente i tuoi annunci per evitare la stanchezza del pubblico e mantenere l'interesse alto.
- **Monitoraggio delle Tendenze:** Rimani aggiornato sulle ultime tendenze e best practice nel settore della pubblicità sui social media per ottimizzare continuamente le tue campagne.

Case Study e Esempi di Successo:

- **Analisi di Campagne di Successo:** Studia esempi di campagne pubblicitarie di successo

per trarre ispirazione e comprendere le strategie vincenti.
- **Applicazione di Lezioni Apprese:** Applica le lezioni apprese dalle tue campagne precedenti e da quelle di altri brand per migliorare costantemente le tue performance.

Gestire campagne pubblicitarie sui social media richiede una combinazione di creatività, analisi dei dati e capacità di adattamento. Con un approccio strategico e data-driven, puoi massimizzare l'efficacia delle tue campagne e raggiungere i tuoi obiettivi di marketing.

Capitolo 7: Analisi e Reportistica

La capacità di analizzare i dati e creare report efficaci è fondamentale per un Social Media Manager. In questo capitolo, esploreremo quali sono i KPI e le metriche chiave da monitorare, gli strumenti di analisi disponibili e come creare report efficaci per clienti e stakeholders.

7.1 KPI e Metriche Chiave da Monitorare

Engagement:

- **Like, Commenti, Condivisioni:** Misura il livello di interazione del pubblico con i tuoi contenuti.
- **Tasso di Engagement:** Calcola la percentuale di interazioni rispetto al numero totale di follower o visualizzazioni.

Traffico:

- **Clic sui Link:** Monitorizza quanti utenti cliccano sui link nei tuoi post.
- **Traffico al Sito Web:** Utilizza strumenti come Google Analytics per vedere quanto traffico arriva al tuo sito web dai social media.

Conversioni:

- **Tasso di Conversione:** Percentuale di utenti che completano un'azione desiderata (acquisto, iscrizione alla newsletter, ecc.) dopo aver interagito con i tuoi contenuti.
- **CPA (Costo per Acquisizione):** Costo medio per ottenere una conversione.

Crescita del Pubblico:

- **Numero di Follower:** Monitorizza l'aumento (o la diminuzione) del numero di follower sui vari canali.
- **Tasso di Crescita dei Follower:** Percentuale di crescita del pubblico in un determinato periodo.

Brand Awareness:

- **Impressioni:** Numero di volte che i tuoi contenuti sono stati visualizzati.
- **Reach:** Numero di utenti unici che hanno visualizzato i tuoi contenuti.

7.2 Strumenti di Analisi

Google Analytics:

- **Descrizione:** Strumento essenziale per monitorare il traffico al sito web e il comportamento degli utenti.
- **Funzionalità:** Analisi del traffico, monitoraggio delle conversioni, flusso di utenti, ecc.

Facebook Insights:

- **Descrizione:** Strumento integrato per analizzare le performance delle pagine Facebook.
- **Funzionalità:** Dati demografici del pubblico, engagement dei post, performance degli annunci.

Instagram Insights:

- **Descrizione:** Strumento di analisi integrato per account aziendali su Instagram.
- **Funzionalità:** Dati sul pubblico, engagement, reach e impressioni dei post.

Twitter Analytics:

- **Descrizione:** Strumento di analisi per monitorare le attività su Twitter.
- **Funzionalità:** Performance dei tweet, dati demografici dei follower, engagement.

LinkedIn Analytics:

- **Descrizione:** Strumento di analisi per le pagine aziendali su LinkedIn.
- **Funzionalità:** Performance dei post, dati demografici del pubblico, engagement.

Strumenti di Terze Parti:

- **Hootsuite Analytics:** Strumento per monitorare le performance su più piattaforme da un'unica dashboard.
- **Sprout Social:** Offre funzionalità avanzate di analisi e reportistica per i social media.
- **Buffer Analytics:** Strumento per l'analisi e la gestione delle performance sui social media.

7.3 Come Creare Report Efficaci

Obiettivi dei Report:

- **Informare i Stakeholders:** Presentare i risultati delle attività sui social media in modo chiaro e comprensibile.
- **Valutare le Performance:** Analizzare cosa ha funzionato e cosa no per migliorare le strategie future.
- **Dimostrare il Valore:** Mostrare l'impatto delle attività sui social media sugli obiettivi di business.

Struttura dei Report:

- **Introduzione:** Fornisci una panoramica degli obiettivi della campagna e delle metriche chiave.
- **Analisi dei Dati:** Presenta i dati raccolti utilizzando grafici e tabelle per renderli facilmente comprensibili.
- **Insights e Conclusioni:** Interpreta i dati, evidenziando le tendenze e i risultati più significativi.
- **Raccomandazioni:** Suggerisci azioni concrete da intraprendere basate sui dati analizzati.

Best Practices per la Creazione dei Report:

- **Chiarezza e Sintesi:** Mantieni i report chiari e sintetici, evitando di sovraccaricare con troppi dettagli.
- **Visualizzazioni dei Dati:** Utilizza grafici, tabelle e infografiche per rendere i dati più accessibili e comprensibili.
- **Regolarità:** Prepara report regolari (settimanali, mensili) per monitorare costantemente le performance e adattare le strategie.
- **Personalizzazione:** Adatta i report alle esigenze dei diversi stakeholders, fornendo informazioni rilevanti per ciascun pubblico.

Esempio di Report:

Titolo del Report: Analisi delle Performance Social Media – Giugno 2024

Introduzione:

- **Obiettivo:** Aumentare la brand awareness e generare lead attraverso campagne sui social media.
- **Periodo di Riferimento:** 1-30 Giugno 2024.

Analisi dei Dati:

- **Engagement:**
    - **Like:** 5,000 (+10% rispetto a Maggio)
    - **Commenti:** 800 (+5% rispetto a Maggio)
    - **Condivisioni:** 300 (+15% rispetto a Maggio)
- **Traffico:**
    - **Clic sui Link:** 2,500 (+8% rispetto a Maggio)
    - **Traffico al Sito Web:** 1,800 sessioni da social media
- **Conversioni:**
    - **Tasso di Conversione:** 3.5%
    - **CPA:** €10
- **Crescita del Pubblico:**
    - **Follower Totali:** 15,000 (+5% rispetto a Maggio)
    - **Tasso di Crescita dei Follower:** 5%
- **Brand Awareness:**
    - **Impressioni:** 50,000
    - **Reach:** 30,000

Insights e Conclusioni:

- **Tendenza Positiva:** L'engagement è aumentato del 10%, indicando un maggiore coinvolgimento del pubblico.
- **Crescita Sostenuta:** La crescita dei follower è costante, con un incremento del 5%.
- **Conversioni:** Il tasso di conversione è stabile al 3.5%, con un CPA accettabile.

Raccomandazioni:

- **Aumentare gli Investimenti in Annunci Video:** I video hanno mostrato un alto tasso di engagement.
- **Sperimentare Nuovi Formati di Contenuto:** Considerare l'uso di storie interattive per incrementare ulteriormente l'engagement.
- **Ottimizzare il Targeting degli Annunci:** Raffinare il targeting per migliorare ulteriormente il tasso di conversione.

Un'analisi accurata e una reportistica efficace sono essenziali per migliorare continuamente le tue strategie sui social media e dimostrare il valore del tuo lavoro. Utilizzando gli strumenti e le tecniche giuste, puoi prendere decisioni informate e guidare il successo delle tue attività di marketing.

Capitolo 8: Crescita Professionale

Per diventare un Social Media Manager di successo, non basta acquisire competenze tecniche e soft. È altrettanto importante costruire un portfolio solido, fare networking e continuare a formarsi. In questo capitolo, esploreremo come puoi crescere professionalmente e aumentare le tue opportunità nel campo dei social media.

8.1 Come Costruire un Portfolio

Documentare i Progetti:

- **Raccogliere Esempi di Lavoro:** Salva screenshot, link e descrizioni dettagliate dei progetti su cui hai lavorato. Includi post di successo, campagne pubblicitarie, analisi dei dati e report.
- **Descrivere i Risultati:** Per ogni progetto, descrivi gli obiettivi, le strategie adottate e i risultati ottenuti. Usa dati concreti per dimostrare il tuo impatto.

Organizzare il Portfolio:

- **Piattaforma Online:** Utilizza piattaforme come Behance, Dribbble o un sito web personale per creare un portfolio online accessibile.
- **Struttura Chiara:** Organizza il tuo portfolio in sezioni tematiche (ad esempio, social media posts, campagne pubblicitarie, analisi dei dati) per facilitare la navigazione.

Aggiornare Regolarmente:

- **Nuovi Progetti:** Aggiorna il tuo portfolio con i nuovi progetti e risultati ottenuti. Mantieni il contenuto fresco e rilevante.
- **Feedback e Miglioramenti:** Raccogli feedback da colleghi e mentor per migliorare continuamente la presentazione del tuo lavoro.

8.2 Networking e Costruzione di una Rete Professionale

Eventi e Conferenze:

- **Partecipare a Eventi:** Partecipa a conferenze, workshop e seminari sul marketing digitale e sui social media per incontrare professionisti del settore e ampliare la tua rete.
- **Networking Attivo:** Interagisci con i partecipanti, scambia biglietti da visita e collegati su LinkedIn per mantenere i contatti.

Community Online:

- **Gruppi di Discussione:** Unisciti a gruppi su LinkedIn, Facebook e altre piattaforme dove i professionisti dei social media si scambiano consigli e risorse.
- **Partecipare a Conversazioni:** Contribuisci attivamente alle discussioni, condividi le tue esperienze e chiedi consigli. Questo ti aiuterà a farti notare e a costruire relazioni professionali.

Mentorship:

- **Trovare un Mentor:** Cerca un mentor esperto nel settore che possa guidarti, darti feedback e consigli sulla tua carriera.
- **Essere un Mentor:** Condividi le tue conoscenze e esperienze con chi è meno esperto di te. Questo ti aiuterà a consolidare le tue competenze e a costruire la tua reputazione professionale.

8.3 Opportunità di Formazione Continua

Corsi Online:

- **Piattaforme Educative:** Iscriviti a corsi su piattaforme come Coursera, Udemy, LinkedIn Learning, che offrono corsi aggiornati su vari aspetti del social media marketing.
- **Certificazioni:** Ottieni certificazioni riconosciute nel settore, come Google Analytics, Facebook Blueprint, Hootsuite, per migliorare il tuo profilo professionale.

Lettura e Ricerca:

- **Blog e Pubblicazioni:** Segui blog, riviste e pubblicazioni specializzate nel marketing digitale e nei social media per rimanere aggiornato sulle ultime tendenze e best practices.
- **Libri di Settore:** Leggi libri scritti da esperti del settore per approfondire le tue conoscenze e acquisire nuove prospettive.

Partecipazione a Webinar e Podcast:

- **Webinar:** Partecipa a webinar organizzati da professionisti e aziende leader nel settore per apprendere nuove strategie e strumenti.
- **Podcast:** Ascolta podcast sul marketing digitale e sui social media durante il tempo libero per acquisire nuove idee e ispirazioni.

8.4 Sviluppo delle Soft Skills

Comunicazione:

- **Scrittura:** Migliora le tue capacità di scrittura per creare contenuti chiari e coinvolgenti. Partecipa a corsi di scrittura creativa o professionale.
- **Presentazione:** Pratica le tue capacità di presentazione per comunicare efficacemente con clienti e stakeholders.

Gestione del Tempo:

- **Prioritizzazione:** Impara a gestire il tuo tempo e a prioritizzare i compiti più importanti. Utilizza strumenti come to-do list e calendari per organizzarti meglio.
- **Delegazione:** Impara a delegare compiti quando necessario per concentrarti sulle attività strategiche.

Creatività:

- **Brainstorming:** Partecipa a sessioni di brainstorming con il tuo team per generare nuove idee e soluzioni creative.
- **Ispirazione:** Trova ispirazione in altre forme d'arte e in settori diversi per arricchire le tue competenze creative.

Crescere professionalmente come Social Media Manager richiede un impegno continuo nell'acquisizione di nuove competenze, nel costruire relazioni e nel rimanere aggiornati sulle ultime tendenze del settore. Con una formazione costante e una rete professionale solida, puoi aumentare le tue opportunità di successo e fare un impatto significativo nel mondo dei social media.

Capitolo 9: Lavorare come Freelance o Dipendente

Una delle decisioni più importanti che un Social Media Manager deve prendere è se lavorare come freelance o dipendente. Entrambe le opzioni hanno i loro vantaggi e sfide. In questo capitolo, esploreremo le differenze tra lavorare come freelance e come dipendente, e forniremo consigli su come trovare clienti o opportunità di lavoro, oltre a gestire gli aspetti amministrativi.

9.1 Vantaggi e Svantaggi del Lavorare come Freelance

Vantaggi del Freelance:

- **Flessibilità:** Hai il controllo completo sul tuo orario di lavoro e puoi scegliere i progetti su cui lavorare.
- **Varietà di Progetti:** Puoi lavorare con diversi clienti e settori, arricchendo la tua esperienza professionale.
- **Potenziale di Guadagno:** Puoi stabilire le tue tariffe e, se hai successo, potenzialmente guadagnare di più rispetto a un lavoro da dipendente.

Svantaggi del Freelance:

- **Incertezza Finanziaria:** Il reddito può essere variabile e non garantito.
- **Nessun Beneficio Aziendale:** Non avrai accesso a benefici come assicurazione sanitaria, ferie pagate, o pensione.
- **Isolamento:** Lavorare da solo può essere isolante e mancare del supporto di un team.

9.2 Vantaggi e Svantaggi del Lavorare come Dipendente

Vantaggi del Dipendente:

- **Stabilità Finanziaria:** Ricevi un salario fisso e benefici aziendali come assicurazione sanitaria, ferie pagate, e contributi pensionistici.
- **Supporto del Team:** Puoi collaborare con un team di professionisti e ricevere supporto e feedback continuo.

- **Crescita Professionale:** Le aziende spesso offrono opportunità di formazione e avanzamento di carriera.

Svantaggi del Dipendente:

- **Meno Flessibilità:** Orari di lavoro fissi e meno autonomia nella scelta dei progetti.
- **Potenziale di Guadagno Limitato:** Il reddito è solitamente fisso, con limitate opportunità di guadagno extra.
- **Dipendenza dall'Azienda:** La tua carriera è legata alle condizioni e alle decisioni dell'azienda.

9.3 Come Trovare Clienti o Opportunità di Lavoro

Trovare Clienti come Freelance:

- **Portfolio Online:** Crea un portfolio professionale che mostri i tuoi migliori lavori e risultati.
- **Piattaforme Freelance:** Iscriviti a piattaforme come Upwork, Freelancer, Fiverr per trovare progetti freelance.
- **Networking:** Partecipa a eventi di settore, gruppi di discussione online, e connetti con altri professionisti su LinkedIn.
- **Marketing Personale:** Utilizza i social media per promuovere i tuoi servizi e attrarre nuovi clienti.

Trovare Opportunità di Lavoro come Dipendente:

- **Siti di Lavoro:** Utilizza siti come LinkedIn, Indeed, Glassdoor per cercare offerte di lavoro nel campo del social media management.
- **Agenzie di Reclutamento:** Collabora con agenzie di reclutamento specializzate nel marketing digitale.
- **Networking:** Sfrutta la tua rete professionale per scoprire opportunità di lavoro nascoste.
- **Candidature Spontanee:** Invia candidature spontanee alle aziende per cui ti piacerebbe lavorare, anche se non hanno posizioni aperte.

9.4 Contratti e Gestione Amministrativa

Gestione dei Contratti:

- **Contratto di Servizi:** Utilizza contratti di servizi dettagliati che specifichino chiaramente i termini del lavoro, le tariffe, le scadenze e i diritti d'autore.
- **Termini di Pagamento:** Definisci chiaramente i termini di pagamento, incluse le modalità di fatturazione e le scadenze.

Fatturazione e Pagamenti:

- **Strumenti di Fatturazione:** Utilizza software di fatturazione come QuickBooks, FreshBooks o Wave per gestire le tue fatture e i pagamenti.

- **Monitoraggio delle Entrate e Uscite:** Mantieni un registro accurato delle entrate e delle spese per la gestione delle tue finanze.

Aspetti Legali e Fiscali:

- **Registrazione della Partita IVA:** Se lavori come freelance, assicurati di registrarti come libero professionista e ottenere una partita IVA.
- **Consulenza Legale:** Consulta un avvocato per assicurarti che tutti i tuoi contratti e documenti legali siano in ordine.
- **Dichiarazione dei Redditi:** Assicurati di dichiarare correttamente i tuoi redditi e di pagare le tasse dovute. Considera l'assistenza di un commercialista.

9.5 Crescita e Sostenibilità a Lungo Termine

Aggiornamento Costante:

- **Formazione Continua:** Investi nella tua formazione continua per rimanere aggiornato sulle ultime tendenze e strumenti del settore.
- **Certificazioni:** Ottenere certificazioni professionali può migliorare la tua credibilità e le tue opportunità di lavoro.

Gestione del Tempo:

- **Pianificazione:** Utilizza strumenti di pianificazione e gestione del tempo per

organizzare le tue attività quotidiane e i progetti a lungo termine.
- **Equilibrio Vita-Lavoro:** Mantieni un equilibrio sano tra lavoro e vita privata per evitare il burnout.

Espansione della Clientela:

- **Referral:** Chiedi ai tuoi clienti soddisfatti di referenziarti ad altri potenziali clienti.
- **Marketing e Promozione:** Continua a promuovere i tuoi servizi attraverso il marketing digitale, blog, e partecipazione a eventi di settore.

Lavorare come Social Media Manager, sia come freelance che come dipendente, offre numerose opportunità e sfide. Scegliendo l'opzione che meglio si adatta alle tue esigenze personali e professionali, e adottando strategie efficaci per trovare lavoro e gestire gli aspetti amministrativi, potrai costruire una carriera soddisfacente e di successo nel mondo dei social media.

Conclusione

Diventare un Social Media Manager di successo richiede una combinazione di competenze tecniche, creatività, capacità di analisi e una continua voglia di apprendere. Questo ebook ha fornito una guida dettagliata su come sviluppare queste competenze e costruire una carriera nel mondo dinamico e in continua evoluzione dei social media.

Riflessioni Finali

Importanza del Ruolo: Il Social Media Manager è una figura cruciale per qualsiasi azienda o brand che desideri costruire una presenza online forte e coinvolgente. La capacità di comunicare efficacemente, creare contenuti di qualità e analizzare i dati per ottimizzare le strategie è essenziale per il successo.

Continua Evoluzione: Il settore dei social media è in costante cambiamento. Nuove piattaforme emergono, le tendenze evolvono e le tecnologie si sviluppano rapidamente. Mantenersi aggiornati e adattarsi a questi cambiamenti è fondamentale per rimanere rilevanti e competitivi.

Consigli per Mantenersi Aggiornati

Formazione Continua: Investi tempo e risorse nella tua formazione continua. Partecipa a corsi online, ottieni certificazioni e segui le ultime tendenze attraverso blog, webinar e conferenze.

Networking: Costruisci e mantieni una rete professionale forte. Connettersi con altri professionisti del settore può offrirti nuove opportunità, idee e supporto.

Sperimentazione: Non avere paura di sperimentare nuove strategie, strumenti e tecniche. La sperimentazione ti permette di scoprire cosa funziona meglio per il tuo pubblico e il tuo brand.

Invito all'Azione

Metti in Pratica: Applica le conoscenze acquisite in questo ebook per iniziare a costruire o migliorare la tua carriera di Social Media Manager. Crea un piano d'azione concreto e poniti obiettivi SMART (Specifici, Misurabili, Achievable, Realistici e Temporizzati).

Condividi il Tuo Successo: Condividi i tuoi successi e le tue sfide con la comunità dei social media manager. Partecipare alle discussioni e condividere le tue esperienze può essere utile non solo per te, ma anche per gli altri professionisti del settore.

Continua a Crescere: La crescita professionale è un viaggio continuo. Rimani curioso, aperto e disposto a imparare. Ogni esperienza, progetto e sfida ti aiuterà a diventare un Social Media Manager migliore e più esperto.

Buona fortuna nel tuo percorso verso il successo nel mondo dei social media! Siamo certi che con dedizione, passione e le giuste competenze, potrai raggiungere tutti i tuoi obiettivi e fare un impatto significativo nel settore.

Risorse Aggiuntive

Per continuare a migliorare le tue competenze e rimanere aggiornato sulle ultime tendenze del settore, ecco una lista di risorse utili che puoi utilizzare.

Link Utili

Corsi Online:

- Coursera: Corsi di marketing digitale e social media offerti da università e aziende di alto livello.
- Udemy: Ampia varietà di corsi su social media marketing, gestione delle piattaforme, SEO e altro ancora.
- LinkedIn Learning: Corsi professionali su social media marketing, strategie digitali e competenze tecniche.

Blog e Siti Web di Riferimento:

- Social Media Examiner: Guide, articoli e podcast sulle ultime novità e strategie nei social media.
- HubSpot Blog: Articoli approfonditi su marketing, vendite e customer service, con un focus sul digitale.
- Buffer Blog: Consigli e strategie per gestire e ottimizzare la tua presenza sui social media.

Strumenti di Gestione dei Social Media:

- Hootsuite: Piattaforma per la gestione dei social media, programmazione dei post e analisi delle performance.
- Buffer: Strumento per la programmazione dei post, l'analisi delle performance e la gestione dei contenuti.

- Sprout Social: Strumento avanzato per la gestione dei social media, l'analisi e il monitoraggio delle conversazioni.

Letture Consigliate

Libri sul Social Media Marketing:

- **"Jab, Jab, Jab, Right Hook" di Gary Vaynerchuk:** Un libro che spiega come raccontare la tua storia in un mondo rumoroso e competitivo.
- **"Crushing It!" di Gary Vaynerchuk:** Strategie per costruire la tua carriera o il tuo business utilizzando le piattaforme social.
- **"The Art of Social Media" di Guy Kawasaki e Peg Fitzpatrick:** Consigli pratici per ottimizzare la tua presenza sui social media e aumentare l'engagement.

Libri sul Marketing Digitale:

- **"Contagious: How to Build Word of Mouth in the Digital Age" di Jonah Berger:** Analisi di ciò che rende i contenuti virali e come puoi applicare questi principi al tuo marketing.
- **"Made to Stick: Why Some Ideas Survive and Others Die" di Chip Heath e Dan Heath:** Studio su come creare messaggi e idee che rimangono impressi nella mente del pubblico.
- **"Hooked: How to Build Habit-Forming Products" di Nir Eyal:** Approfondimento su

come creare prodotti che coinvolgono e fidelizzano gli utenti.

Community e Forum per Social Media Manager

Gruppi LinkedIn:

- Social Media Examiner – Society: Comunità di professionisti del social media marketing che condividono risorse e consigli.
- Digital Marketing: Gruppo per discutere di strategie di marketing digitale e best practices.

Forum Online:

- Reddit – Social Media: Comunità attiva dove professionisti discutono di social media, condividono esperienze e chiedono consigli.
- Quora: Piattaforma dove puoi fare domande e ottenere risposte da esperti del settore.

Eventi e Webinar:

- Social Media Marketing World: Conferenza annuale che riunisce esperti e professionisti del social media marketing.
- HubSpot Webinars: Webinar gratuiti su vari aspetti del marketing digitale e della gestione dei social media.

Queste risorse ti aiuteranno a rimanere aggiornato, migliorare le tue competenze e connetterti con altri professionisti del settore. Buona fortuna nel tuo viaggio per diventare un Social Media Manager di successo!

www.ingramcontent.com/pod-product-compliance
Lightning Source LLC
Chambersburg PA
CBHW030509220526
45464CB00006B/2721